AF221328

Impressum
Verlag: BABADADA GmbH, Nedderfeld 112 , 22529 Hamburg
Geschäftsführer / Verlagsleitung: Harald Hof
Druck: Books on Demand GmbH, In de Tarpen 42, 22848 Norderstedt

Imprint
Publisher: BABADADA GmbH, Nedderfeld 112 , 22529 Hamburg, Germany
Managing Director / Publishing direction: Harald Hof
Print: Books on Demand GmbH, In de Tarpen 42, 22848 Norderstedt

colegio
baba

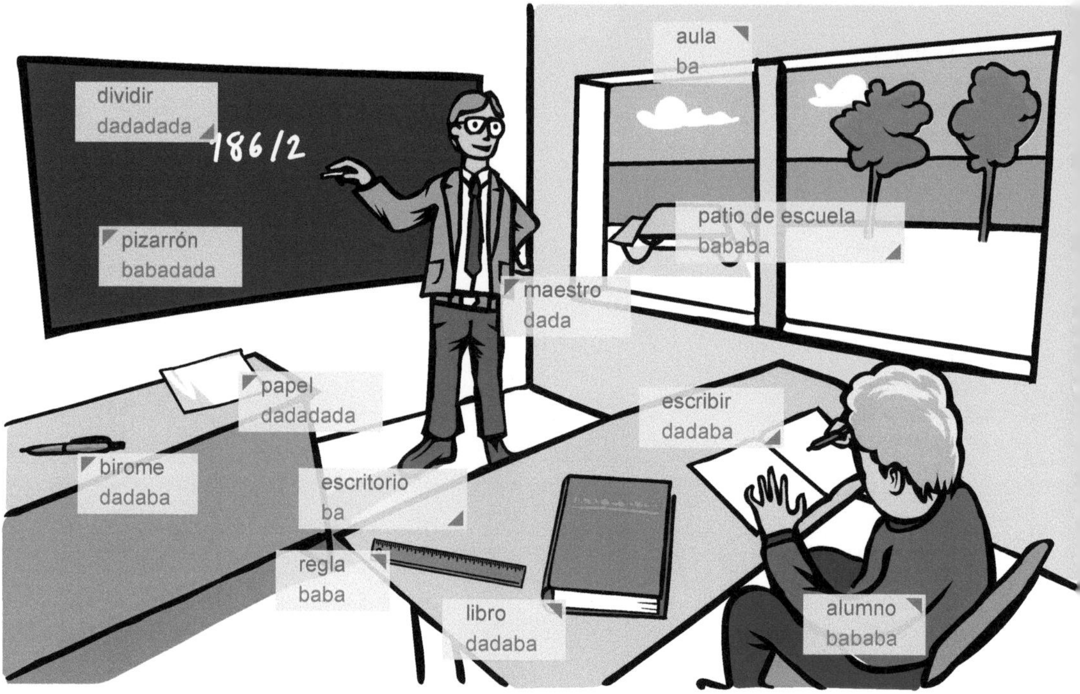

aula
ba
dividir
dadadada
186/2
pizarrón
babadada
patio de escuela
bababa
maestro
dada
papel
dadadada
escribir
dadaba
birome
dadaba
escritorio
ba
regla
baba
libro
dadaba
alumno
bababa

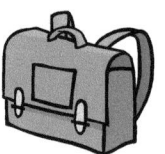

mochila

dadaba

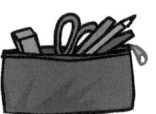

caja de lápices

dada

lápiz

bababa

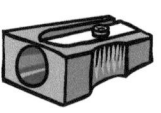

sacapuntas

dadaba

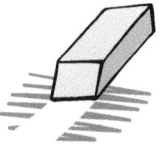

goma (de borrar)

baba

bloc de dibujo

ba

dibujo

bababa

pincel

ba

caja de pinturas

dada

tijera

babadada

pegamento

dadaba

cuaderno de ejercicios

dadadada

tarea

babadada

12

número

bababa

2+2

sumar

dadaba

5-2

restar

bababa

2×2

multiplicar

badada

calcular

dadababa

A

letra

babababa

ABCDEFG
HIJKLMN
OPQRSTU
VWXYZ

abecedario

babababa

palabra

dada

texto

babadada

leer

dadadada

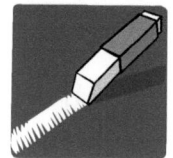

tiza

dada

lección

babababa

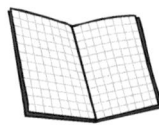

cuaderno de clase

ba

examen

baba

certificado

babababa

uniforme escolar

babadada

educación

babababa

enciclopedia

dadababa

universidad

babababa

microscopio

dadababa

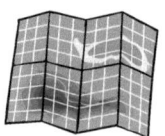

mapa

bababa

tacho (de basura)

babadada

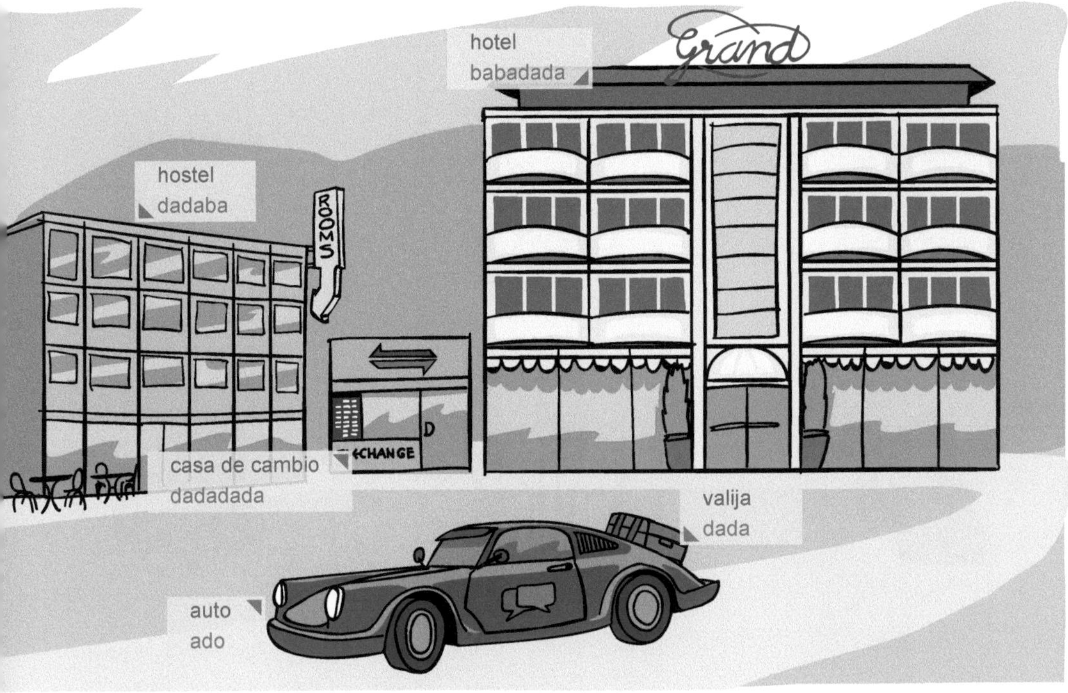
hotel
babadada
Grand
hostel
dadaba
ROOMS
casa de cambio
dadadada
EXCHANGE
valija
dada
auto
ado

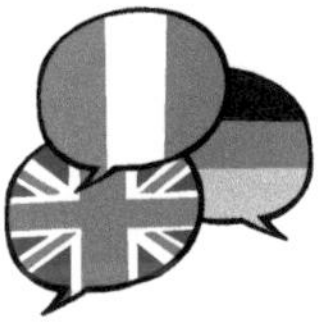

idioma
dadadada

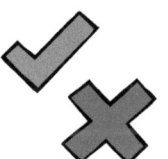

sí / no
da / meh

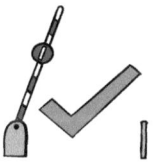

Está bien
Oh

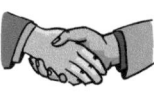

hola
ba

traductor
dada

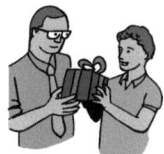

Gracias
dada

¿cuánto cuesta...?

babababa

No entiendo

ah

problema

dadaba

¡Buenas tardes!

ba dada

¡Buenos días!

babadada

¡Buenas noches!

heia!

adiós

dadaba

dirección

badada

equipaje

dada

bolso

babababa

mochila

babababa

invitado

baba

habitación

dadadada

bolsa de dormir

dadadada

carpa

dada

información turística

dadadada

playa

badada

tarjeta de crédito

babadada

desayuno

dadababa

almuerzo

baba

cena

bababa

pasaje

dada

ascensor

dada

sello

babadada

frontera

badada

aduana

dadaba

embajada

babadada

visa

dadaba

pasaporte

dada da da da

transporte
dadadada

avión
baba

barco
dada

autobomba
baba

colectivo
babababa

camión
bababa

lancha a motor
dada

bicicleta
dadadada

auto
ado

ferry
babadada

bote
baba

moto
bababa

patrullero
ado

auto de carreras
ado

auto de alquiler
auto

8

alquiler de autos
dada

grúa
ado

camión de basura
ado

motor
brumbrum!

nafta
bababa

estación de servicio
dada

señal de tránsito
dadaba

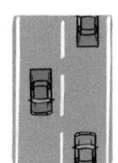

tránsito
badada

embotellamiento
ado ado

estacionamiento
babadada

estación de tren
babababa

vías
dada

tren
dadaba

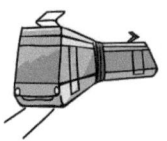

tranvía
baba

vagón
dadaba

helicóptero
baba

aeropuerto
baba

torre
dadaba

pasajero
baba

contenedor
badada

caja de cartón
dada

carretilla
baba

canasta
dadadada

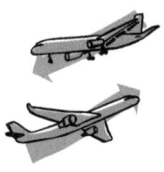

despegar / aterrizar
da / bada

ciudad
dadaba

pueblo
bababa

centro de ciudad
dadababa

casa
dadaba

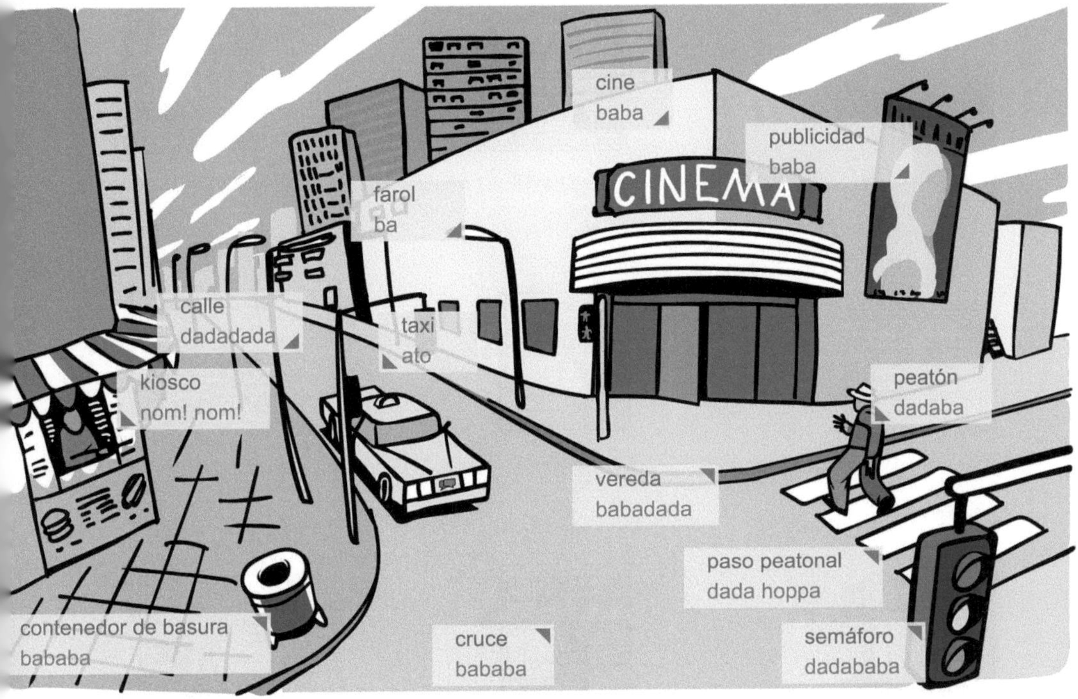

cine
baba

publicidad
baba

farol
ba

CINEMA

calle
dadadada

taxi
ato

kiosco
nom! nom!

peatón
dadaba

vereda
babadada

paso peatonal
dada hoppa

contenedor de basura
bababa

cruce
bababa

semáforo
dadababa

cabaña
babadada

departamento
dadadada

estación de tren
babababa

municipalidad
dadaba

museo
bababa

colegio
baba

universidad

babababa

banco

dadadada

hospital

aua!

hotel

babadada

farmacia

aua!

oficina

baba

librería

bababa

negocio

ba

florería

dadaba

supermercado

dada nom nom

mercado

dadadada

grandes tiendas

dadadada

pescadería

nom! nom!

centro comercial

baba

puerto

ba

parque

dadadada

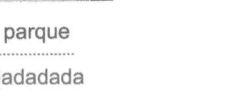

banco

baba

puente

babababa

escaleras

dadadada

subte

bababa

túnel

baba

parada del colectivo

ba

bar

babababa

restaurante

nom nom!

buzón

dadaba

letrero

dada

parquímetro

baba

zoológico

bababa

pileta

dada

mezquita

baba

granja
dadaba

contaminación
dadababa

cementerio
bababa

iglesia
ba

juegos infantiles
dadababa

templo
bababa

paisaje
dada

hoja
baba

poste indicador
baba

camino
dada

pradera
bababa

piedra
baba

árbol
dadababa

excursionista
dada

río
bababa

hierba
dada

flor
mama!

valle
....
badada

montaña
....
bababa

lago
....
dadadada

bosque
....
dadadada

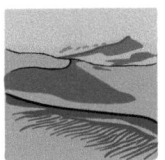

desierto
....
dadababa

volcán
....
dadaba

castillo
....
babababa

arco iris
....
dadaba

champiñón
....
bababa

palmera
....
dadababa

mosquito
....
aua!

mosca
....
badada

hormiga
....
dadababa

abeja
....
summ summ

araña
....
dada

escarabajo

dadaba

rana

quak

ardilla

dadababa

erizo

dadaba

liebre

baba

lechuza

gackgack

pájaro

gackgack

cisne

gackgack

jabalí

babadada

ciervo

dadadada

alce

dadadada

presa

dadadada

aerogenerador

ba

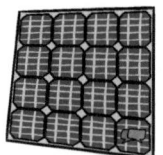

panel solar

dadadada

clima

bababa

mozo
dadadada

menú
baba

silla
dadaba

sopa
nom! nom!

pizza
nom nom!

cubiertos
ba

mantel
babababa

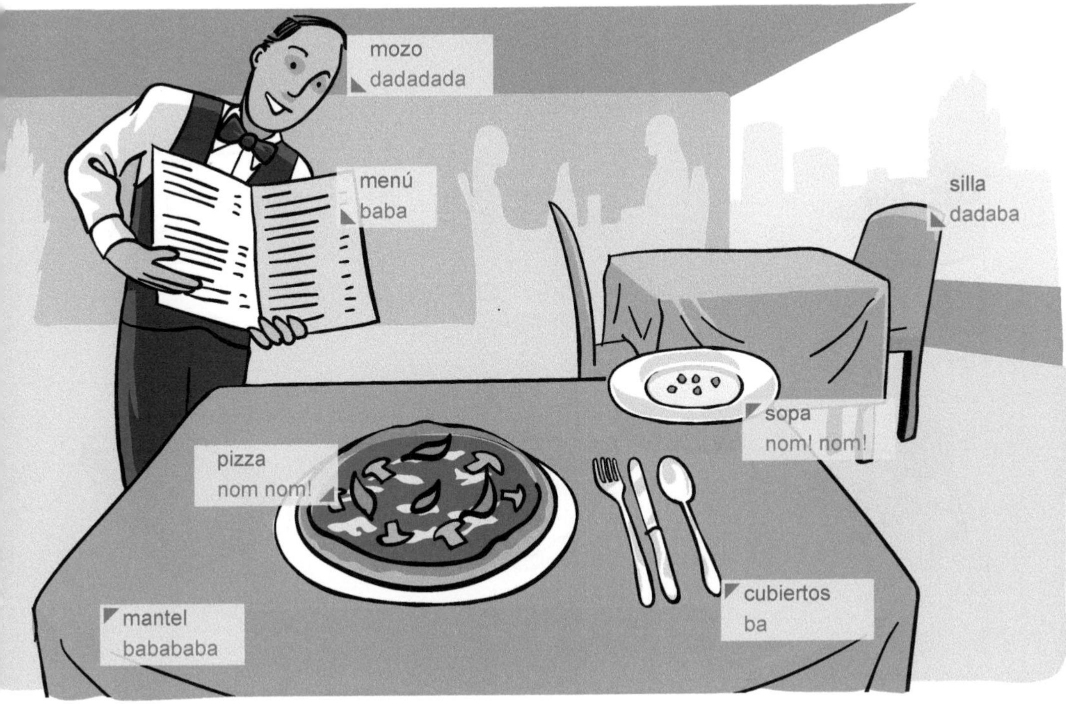

entrada
nom! nom!

plato principal
nom! nom!

postre
nom nom!

bebidas
dadababa

comida
nom nom!

botella
nom nom!

comida rápida
....
nom! nom!

comida callejera
....
nom! nom!

tetera
....
babababa

azucarera
....
nom! nom!

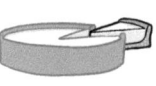

porción
....
nom nom!

cafetera expreso
....
dadaba

sillita alta
....
bababa

cuenta
....
ba

bandeja
....
bababa

cuchillo
....
ba

tenedor
....
babadada

cuchara
....
dadaba

cucharita
....
bababa

servilleta
....
dadaba

vaso
....
ba

plato

nom nom!

plato hondo

bababa

plato

bababa

salsa

nom! nom!

salero

dadadada

molinillo de pimienta

dadaba

vinagre

bähbäh

aceite

dadababa

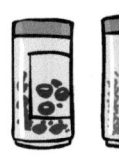

especias

dadababa

kétchup

nom! nom!

mostaza

nom! nom!

mayonesa

nom nom!

supermercado
dada nom nom

oferta especial
dadababa
FOR
cliente
dadaba
lácteos
dadaba
fruta
nom nom!
changuito
baba

BUTCHERS

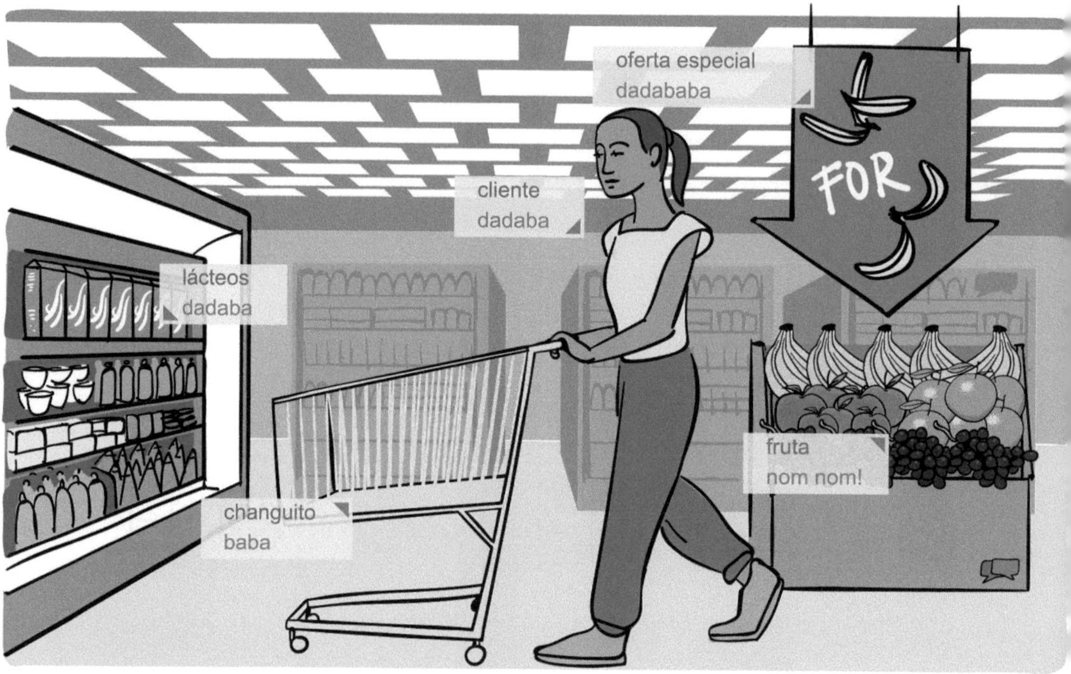

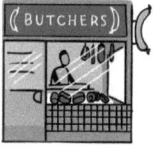

carnicería

dadaba

BAKERY

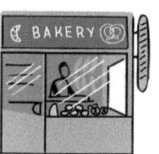

panadería

nom! nom!

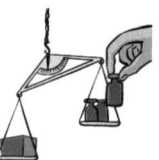

pesar

bababa

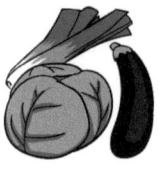

verduras

bähbäh

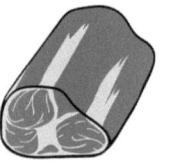

carne

nom nom!

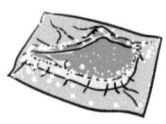

alimentos congelados

nomnom

fiambres

nom nom!

alimentos enlatados

nomnom

detergente en polvo

bababa

golosinas

baba

electrodomésticos

dadaba

productos de limpieza

dadababa

vendedora

bababa

caja

bababa

cajero

dadaba

lista de compras

dada

horario de atención

dadababa

billetera

baba

tarjeta de crédito

babadada

cartera

dadababa

bolsa de plástico

dadababa

agua

wasa

jugo

dadadada

leche

badada

bebida cola

ba

vino

bababa

cerveza

dadadada

alcohol

dadaba

cacao

bababa

té

dadababa

café

dada

café expreso

dadaba

cappuccino

dadababa

banana

nane

manzana

nom nom!

naranja

bababa

melón

nom nom!

limón

nom nom!

zanahoria

bähbäh

ajo

bada meh

bambú

dadaba

cebolla

dadaba

champiñón

nom nom!

nueces

nom nom!

fideos

nom nom!

tallarines

nom nom!

arroz

nom nom!

ensalada

nom nom!

papas fritas

nom nom!

papas fritas

nom nom!

pizza

nom nom!

hamburguesa

nom nom!

sándwich

nom nom!

churrasco

nom nom!

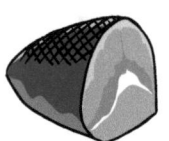

jamón

nom nom!

salame

nom nom!

salchicha

nom nom!

pollo

gack gack

asado

nom nom!

pescado

nom nom!

copos de avena

nom nom!

muesli

bähbäh

copos de maíz

nom nom!

harina

nom nom!

medialuna

nom nom!

pancito

babadada

pan

nom! nom!

tostada

nom nom!

galletitas

nom nom!

manteca

nom nom!

cuajada

nom nom!

torta

nom nom

huevo

dadaba

huevo frito

nom nom!

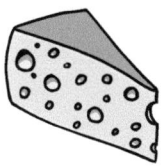

queso

bada muh

comida - nom nom!　　25

helado

nom nom!

azúcar

nom nom!

miel

baba summ

mermelada

nom nom!

pasta de chocolate

nom nom!

curry

babadada

granja

dadaba

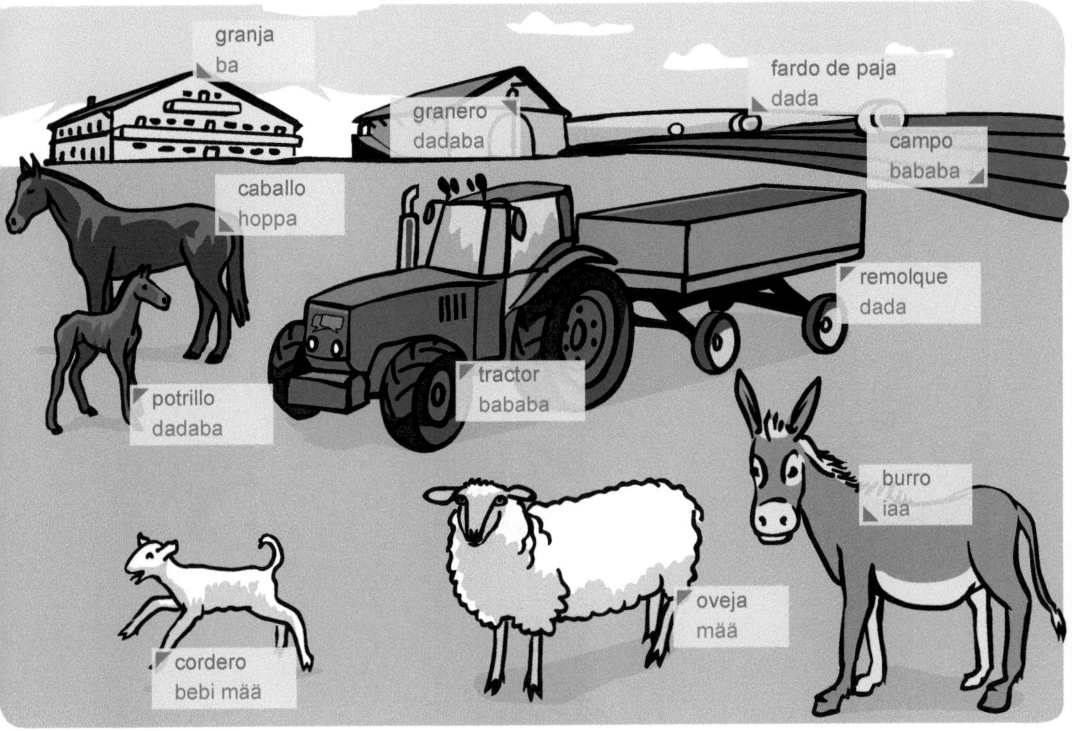

granja
ba
granero
dadaba
fardo de paja
dada
campo
bababa
caballo
hoppa
remolque
dada
tractor
bababa
potrillo
dadaba
burro
iaa
oveja
mää
cordero
bebi mää

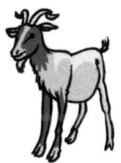

cabra
baba

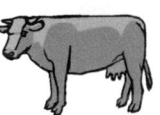

vaca
muh

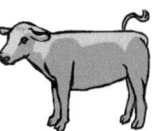

ternero
mimuh

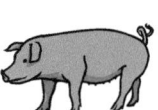

cerdo
mama oink

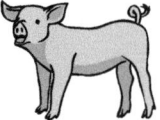

lechón
oink

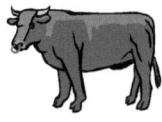

toro
dadadada

ganso

gackgack

pato

gackquack

pollo

gacki

gallina

gackgack

gallo

gacko

rata

dada

gato

mau

ratón

bababa

buey

muh

perro

wauwau

cucha

wauwau

manguera

baba

regadera

dadababa

guadaña

baba

arado

dadababa

hoz

baba

azada

dadadada

horquilla

dada

hacha

bababa

carretilla

babababa

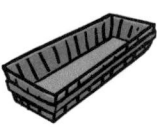

abrevadero

baba

lechera

dada muh

bolsa

dadababa

reja

badada

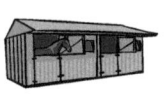

establo

dadadada

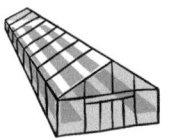

invernadero

ba

suelo

babadada

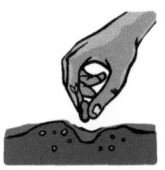

semilla

baba

fertilizador

baba

cosechadora

dadababa

cosechar

bababa

cosecha

dadadada

batatas

dadaba

trigo

dadababa

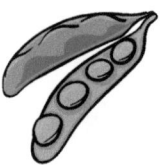

soja

dadababa

papa

bababa

maíz

badada

semilla de colza

bababa

árbol frutal

bababa

mandioca

dadadada

cereales

dadababa

casa
dadaba

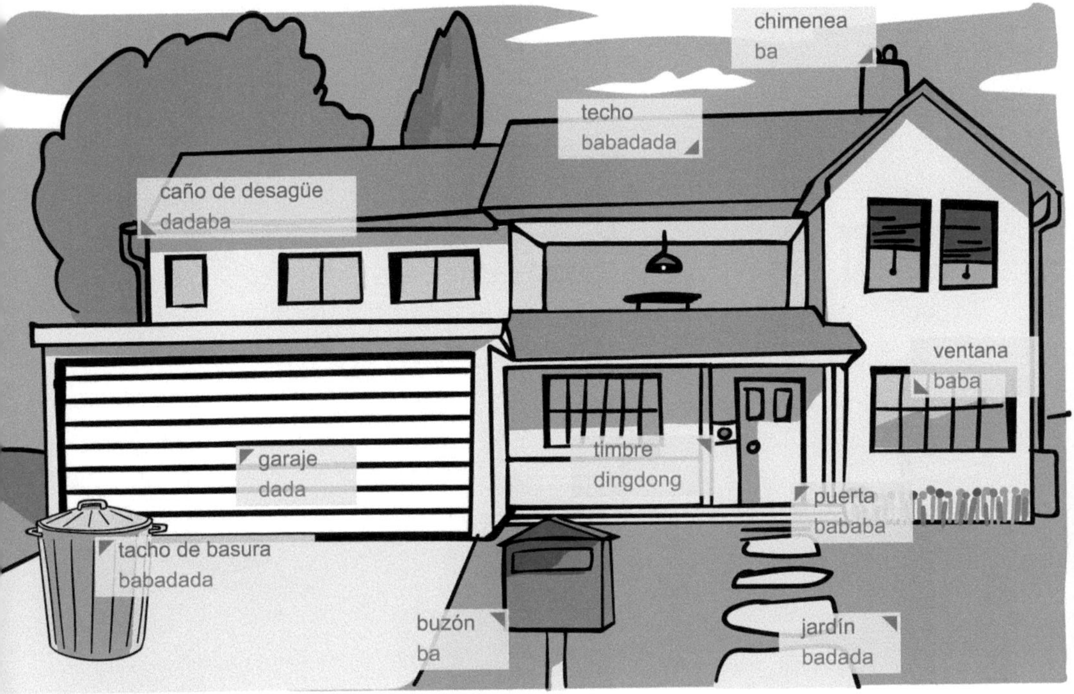
chimenea
ba
techo
babadada
caño de desagüe
dadaba
ventana
baba
garaje
dada
timbre
dingdong
puerta
bababa
tacho de basura
babadada
buzón
ba
jardín
badada

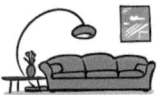

living
dadadada

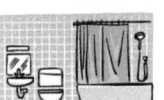

baño
bababa

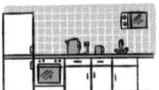

cocina
bababa

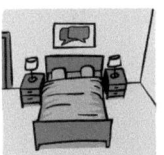

dormitorio
dadababa

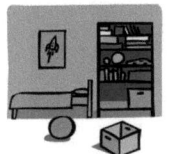

cuarto de los chicos
meina

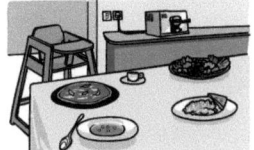

comedor
dadaba

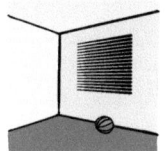

piso

badada

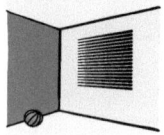

pared

dadababa

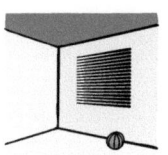

cielorraso

bababa

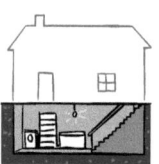

sótano

dada

sauna

dadababa

balcón

babababa

terraza

dadadada

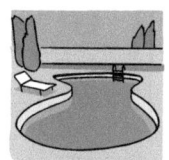

pileta

bababa

cortadora de pasto

baba

sábana

dadaba

acolchado

babadada

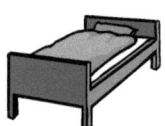

cama

heia!

escoba

dada

balde

dadaba

interruptor

dadababa

living
dadadada

empapelado
dadadada
imagen
badada
lámpara
badada
estante
dadadada
armario
ba
televisión
dada gucki
chimenea
dadababa
flor
mama!
almohadón
baba
sofá
dada
florero
dadaba
control remoto
baba

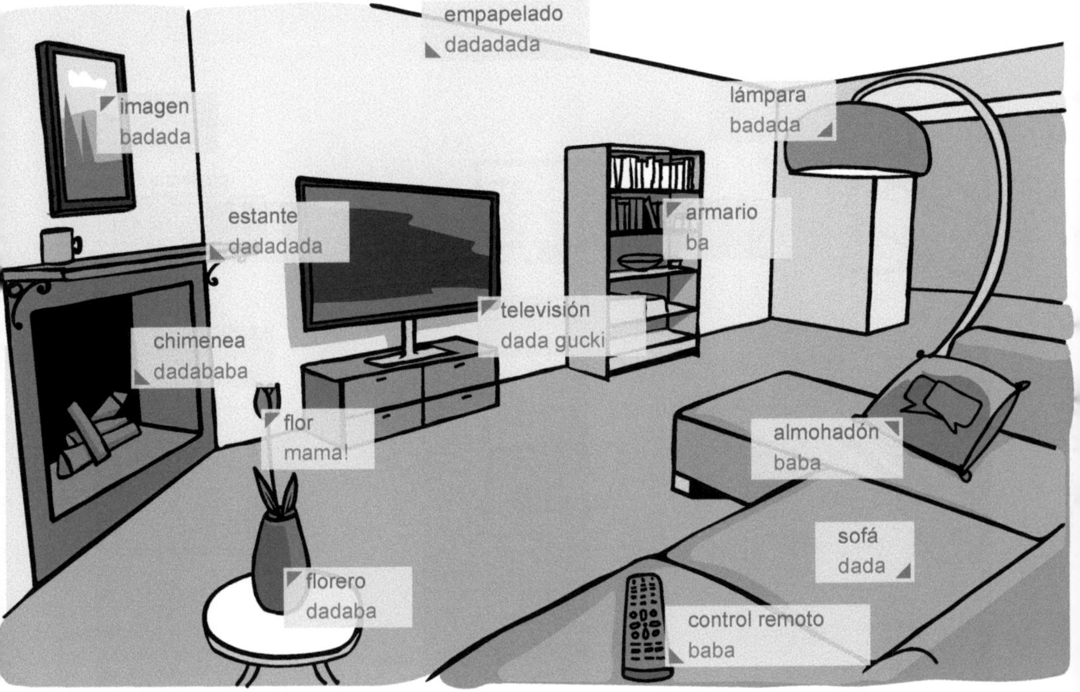

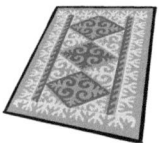

alfombra

dada

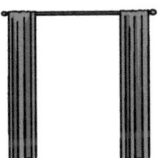

cortina

bababa

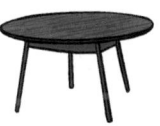

mesa

ba

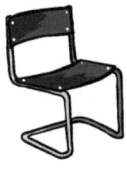

silla

dadaba

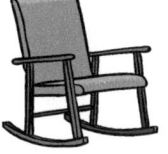

mecedora

dadadada

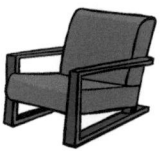

sillón

bababa

libro

dadaba

frazada

dadadada

decoración

dadaba

leña

ba

película

dadadada

equipo de música

lala

llave

babadada

diario

dadadada

pintura

dadadada

póster

bababa

radio

lala

cuaderno

dadababa

aspiradora

babadada

cactus

aua!

vela

babadada

cocina
bababa

heladera
bababa
microondas
ba
balanza de cocina
ba
tostadora
badada
detergente
dadadada
horno
baba
freezer
baba
tacho de basura
babadada
lavaplatos
bababa

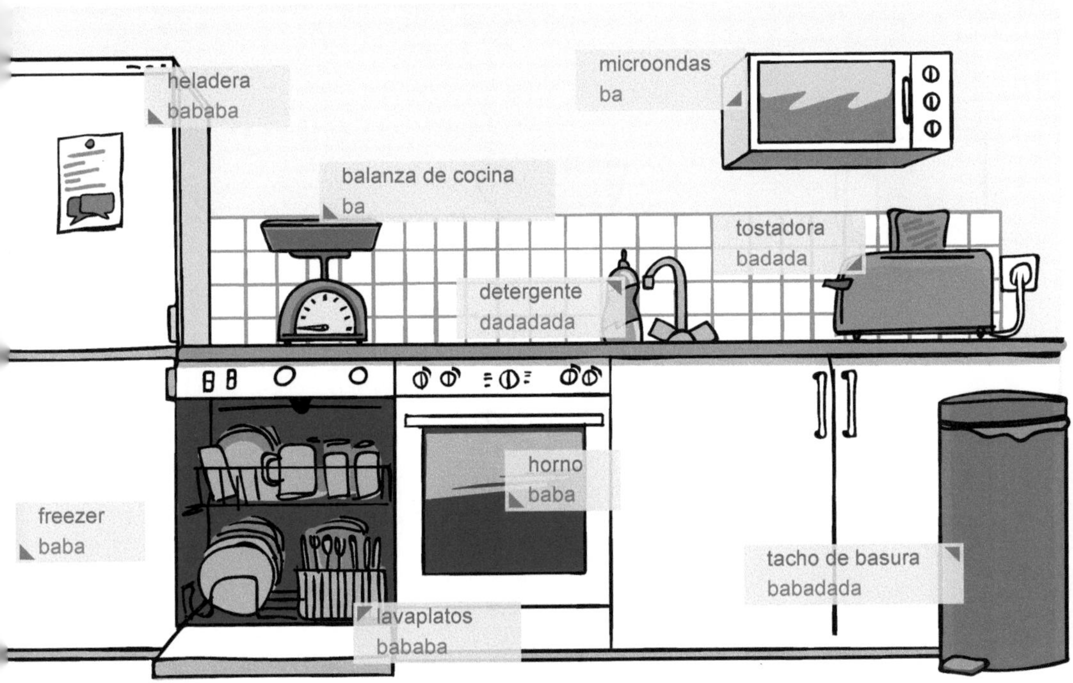

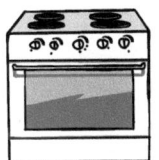

cocina

dada

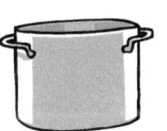

olla

dada

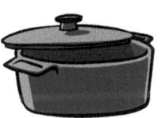

olla de hierro fundido

dada

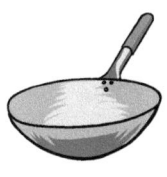

wok

baba / dada

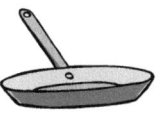

sartén

badada

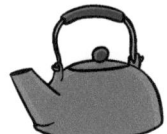

pava

ba

vaporera

dadababa

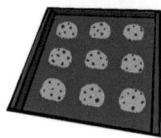

bandeja de horno

bababa

vajilla

dadaba

taza

dadadada

bol

dadaba

palitos

baba

cucharón

dadaba

estpátula

dadadada

batidora

badada

colador

dada

colador

bababa

rallador

baba

mortero

dadababa

parrilla

dada

fogata

aua!

tabla de picar

dadababa

palo de amasar

babababa

sacacorchos

dadababa

lata

dadadada

abrelatas

bababa

manopla

dadababa

pileta

dadadada

cepillo

dadababa

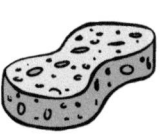

esponja

ba

batidora

aua!

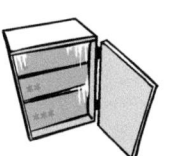

congelador

babadada

mamadera

bababa

canilla

dadadada

baño
bababa

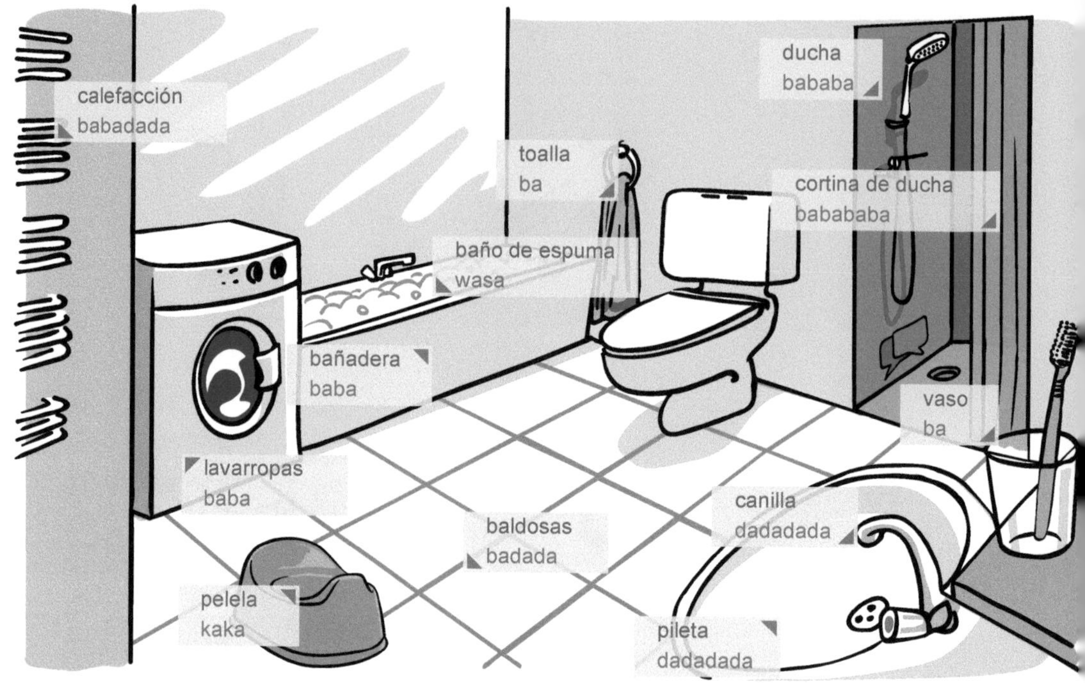

ducha
bababa
calefacción
babadada
toalla
ba
cortina de ducha
babababa
baño de espuma
wasa
bañadera
baba
vaso
ba
lavarropas
baba
canilla
dadadada
baldosas
badada
pelela
kaka
pileta
dadadada

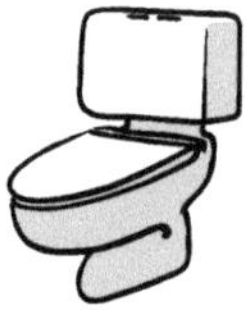

inodoro

kaka

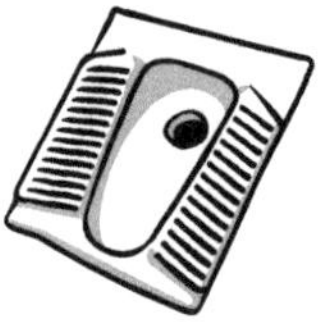

letrina

ba

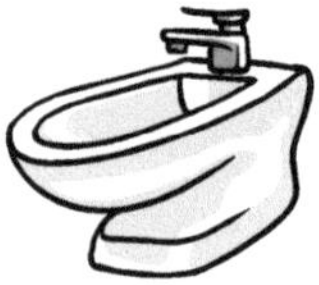

bidé

dadababa

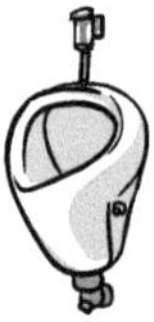

mingitorio

dadababa

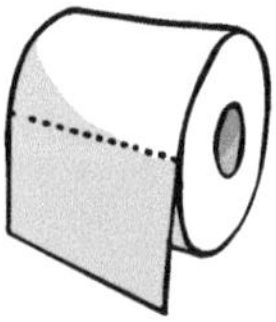

papel higiénico

kaka

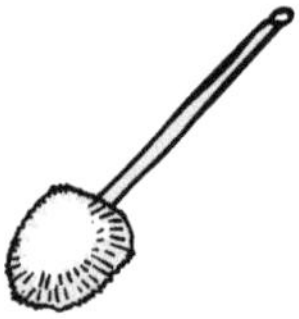

cepillo para el inodoro

bababa

cepillo de dientes

bababa

dentífrico

nom! nom!

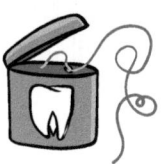

hilo dental

dadadada

lavar

bababa

ducha de mano

babababa

ducha higiénica

dadadada

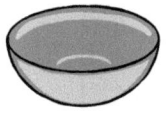

palangana

badada

cepillo para espalda

dadadada

jabón

nom! nom!

gel de ducha

nom! nom!

shampoo

nom! nom!

toallita

babadada

desagüe

dadaba

crema

nom! nom!

desodorante

babababa

espejo

dadadada

espejito

dadadada

maquinita de afeitar

ba

espuma de afeitar

nom! nom!

aftershave

nam! nam!

peine

dadababa

cepillo

baba

secador de pelo

dadadada

spray

badada

maquillaje

dadaba

lápiz de labios

mama!

esmalte para uñas

ba

algodón

bababa

tijera para uñas

dadadada

perfume

bababa

baño - bababa

portacosméticos
dadadada

banqueta
bababa

balanza
dadadada

bata
ba

guantes de goma
babababa

tampón
ba

toallita femenina
bababa

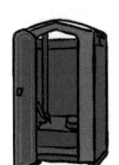

baño químico
baba

cuarto de los chicos

meina

despertador
bababa
peluche
bababa
coche de juguete
auto
sonajero
dadadada
casa de muñecas
bababa
regalo
babababa

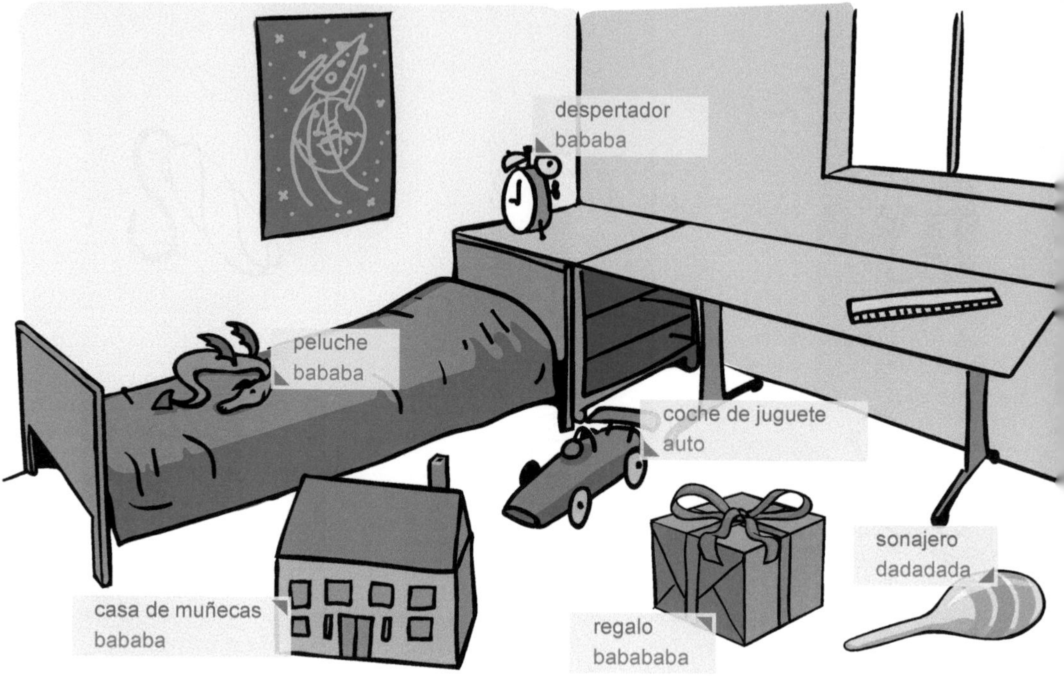

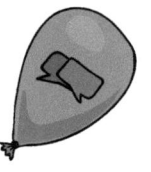

globo

dadadada

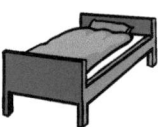

cama

heia!

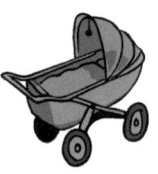

cochecito

dadaba

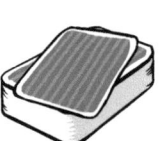

cartas

dadababa

rompecabezas

bababa

SUPER
MEGA

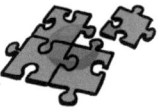

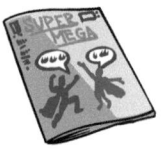

historieta

dadababa

piezas de lego
badada

ladrillos de juguete
badada

figura de acción
dada

enterito (de bebé)
dadadada

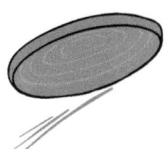

frisbee
dadaba

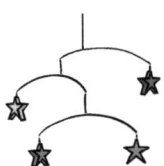

móvil para bebés
dadaba

juego de mesa
ba

dados
baba

tren eléctrico
dadababa

chupete
lula

fiesta
baba

libro de cuentos ilustrado

dadaba

pelota
dada

muñeca
dada

jugar
badada

arenero

dadaba

hamaca

babababa

juguetes

dadababa

consola de videojuegos

dadaba

triciclo

babadada

osito de peluche

dadababa

armario

dadaba

ropa

baba

medias

dadadada

medias panty

ba

calzas

dada

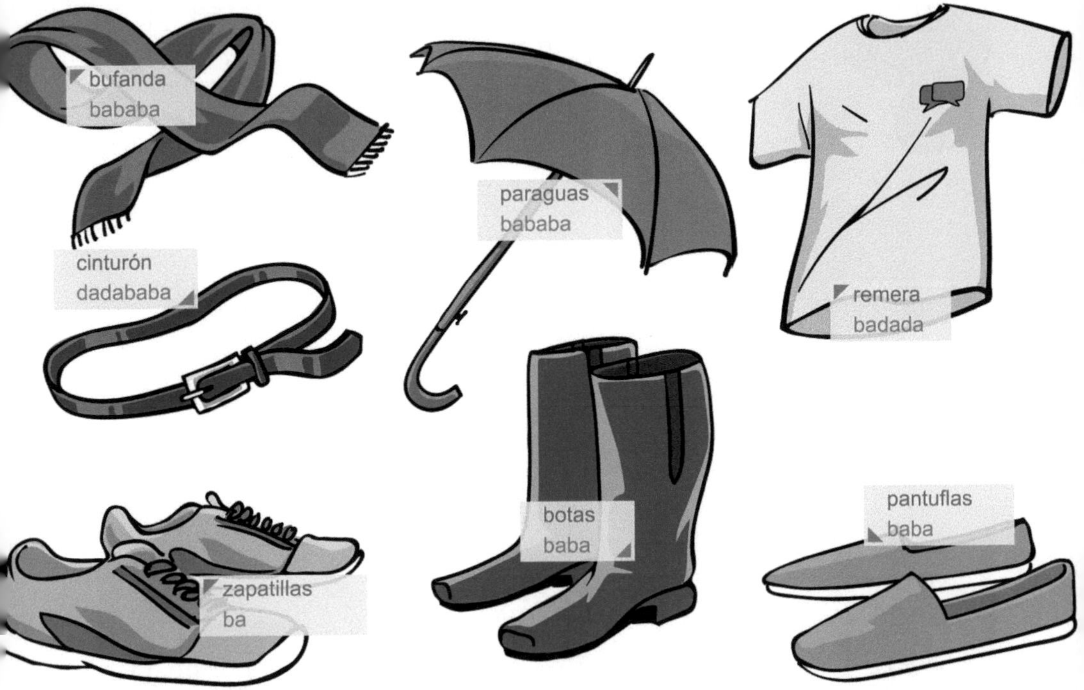

bufanda
bababa

paraguas
bababa

remera
badada

cinturón
dadababa

botas
baba

pantuflas
baba

zapatillas
ba

sandalias
bababa

zapatos
badada

botas de goma
dada

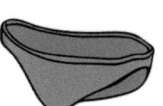

ropa interior
ba

corpiño
baba

chaleco
dadadada

body

badada

pantalones

ba

jeans

bababa

pollera

dada

blusa

bababa

camisa

dadadada

pulóver

baba

buzo

baba

blazer

babadada

campera

baba

tapado

bababa

piloto

dadababa

traje

bababa

vestido

ba

vestido de novia

dadaba

traje

dadadada

camisón

bababab a

pijama

heia

sari

baba

pañuelo para cabeza

dadadada

turbante

dada

burka

dada

caftán

baba

abaya

dadadada

traje de baño

wasa

short de baño

bababa

shorts

dadababa

jogging

babababa

delantal

baba

guantes

babababa

botón

dadaba

anteojos

babadada

pulsera

dada

collar

dadababa

anillo

bababa

aro

dadababa

gorra

dada

percha

babadada

sombrero

dadababa

corbata

bababa

cierre

badada

casco

dadaba

tiradores

dada

uniforme escolar

babadada

uniforme

babababa

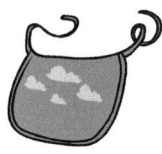

babero

namnam

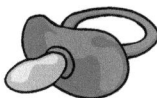

chupete

lula

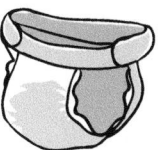

pañal

kaka!

oficina

baba

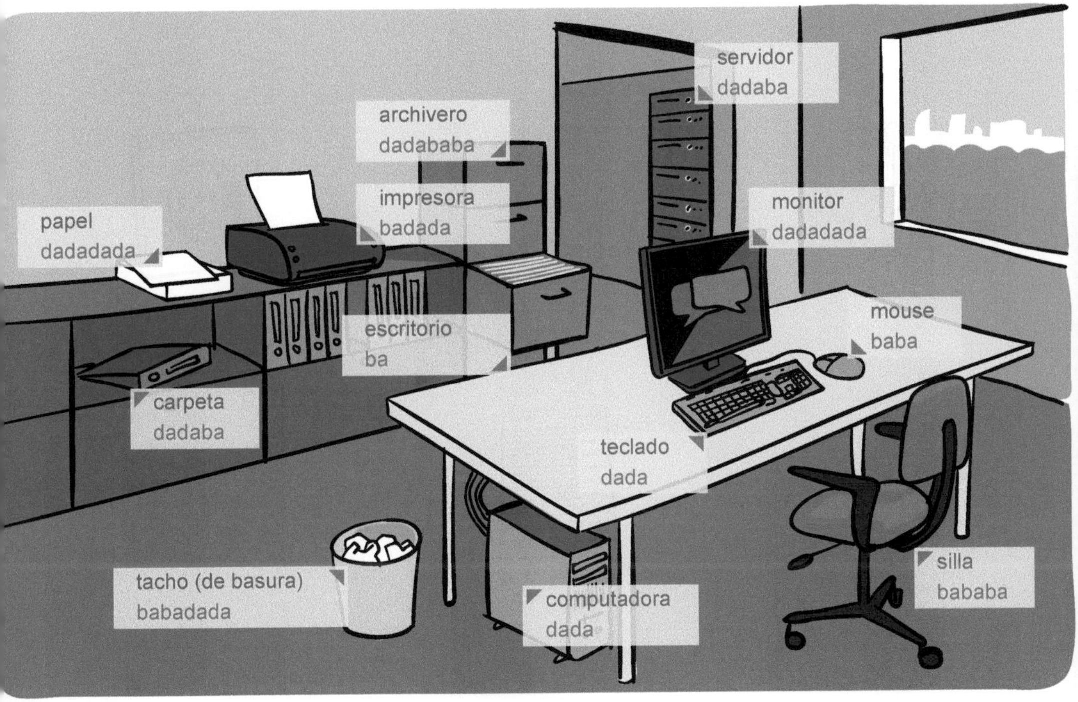
servidor
dadaba
archivero
dadababa
impresora
badada
papel
dadadada
monitor
dadadada
mouse
baba
escritorio
ba
carpeta
dadaba
teclado
dada
tacho (de basura)
babadada
computadora
dada
silla
bababa

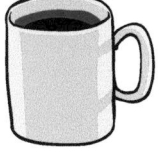

taza de café

dada

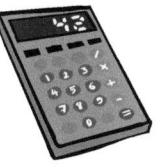

calculadora

bababa

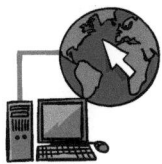

internet

da da

laptop
papa!

carta
dadababa

mensaje
ba

celular
fon

red
bababa

fotocopiadora
ba

software
bababa

teléfono
dada bing

tomacorriente
aua!

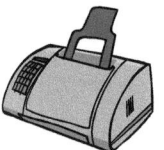

fax
bababa

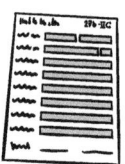

formulario
dadaba

documento
bababa

comprar

baba

pagar

dadadada

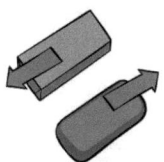

hacer negocios

dadaba

dinero

badada

dólar

babadada

euro

dadaba

yen

bababa

rublo

ba

franco suizo

dada

yuan

dada

rupia

ba

cajero automático

ba

casa de cambio

dadadada

oro

dadadada

plata

baba

petróleo

dadadada

energía

ba

precio

dadadada

contrato

baba

impuesto

bababa

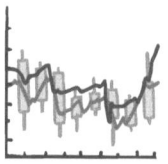

acción

dadadada

trabajar

dadaba

empleado

dadadada

empleador

dadababa

fábrica

dadaba

negocio

ba

policía
baba

bombero
dada

piloto
bababa

cocinero
babababa

médico
aua!

jardinero
bababa

carpintero
bababa

modista
baba

juez
bababa

farmacéutico
dadaba

actor
dadababa

colectivero

ba

taxista

auto mann

pescador

bababa

mucama

dadadada

techista

dadadada

mozo

dadadada

cazador

badada

pintor

dadadada

panadero

dadababa

electricista

papa!

albañil

bababababa

ingeniero

bababa

carnicero

dadababa

plomero

dadadada

cartero

bababa

soldado

dadadada

arquitecto

ba

cajero

dadaba

florista

bababa

peluquero

babadada

cobrador

bababa

mecánico

dadaba

capitán

dada

dentista

badada

científico

ba

rabino

bababa

imán

dadaba

monje

dada

sacerdote

dadadada

herramientas
dada

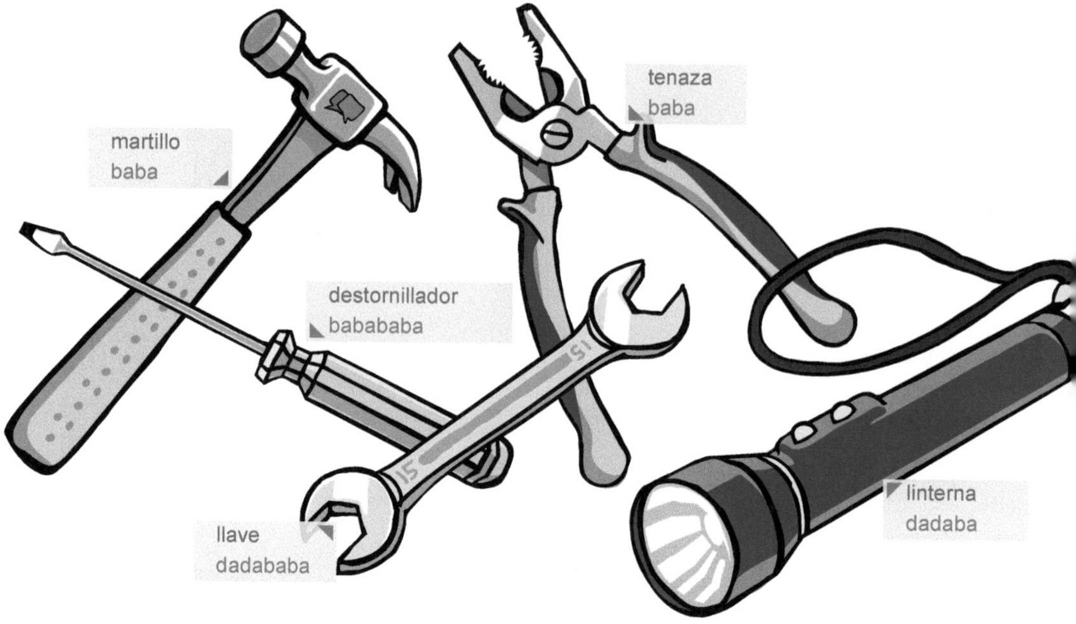
martillo
baba
tenaza
baba
destornillador
babababa
llave
dadababa
linterna
dadaba

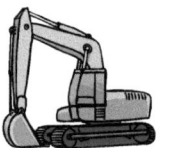

excavadora
dadaba

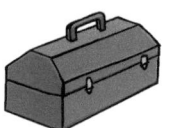

caja de herramientas
baba

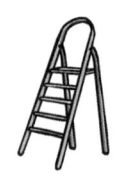

escalera portátil
babababa

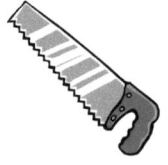

sierra
dadaba

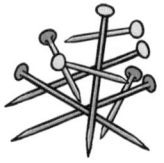

clavos
babadada

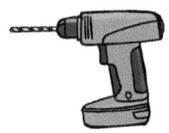

taladro
dada

arreglar

dadababa

pala de jardín

dada

¡Qué bronca!

aua!

pala de plástico

dada

tacho de pintura

dadaba

tornillos

bababababa

instrumentos musicales
bababa

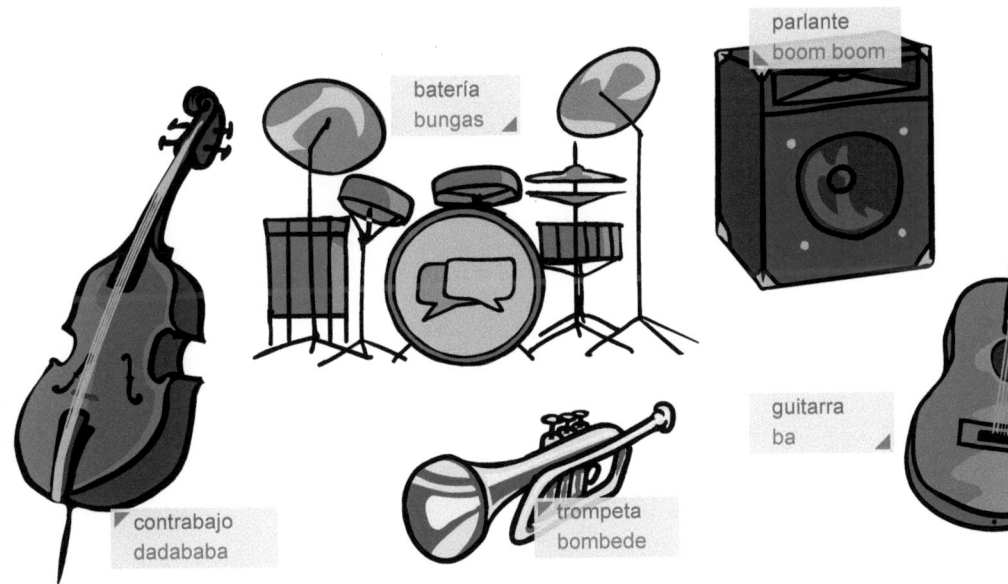

parlante
boom boom

batería
bungas

contrabajo
dadababa

trompeta
bombede

guitarra
ba

piano

bingbing

violín

bababa

bajo

ba

timbales

badada

tambor

bunga bunga

teclado

badada

saxofón

dadababa

flauta

dadababa

micrófono

dadadada

zoológico
bababa

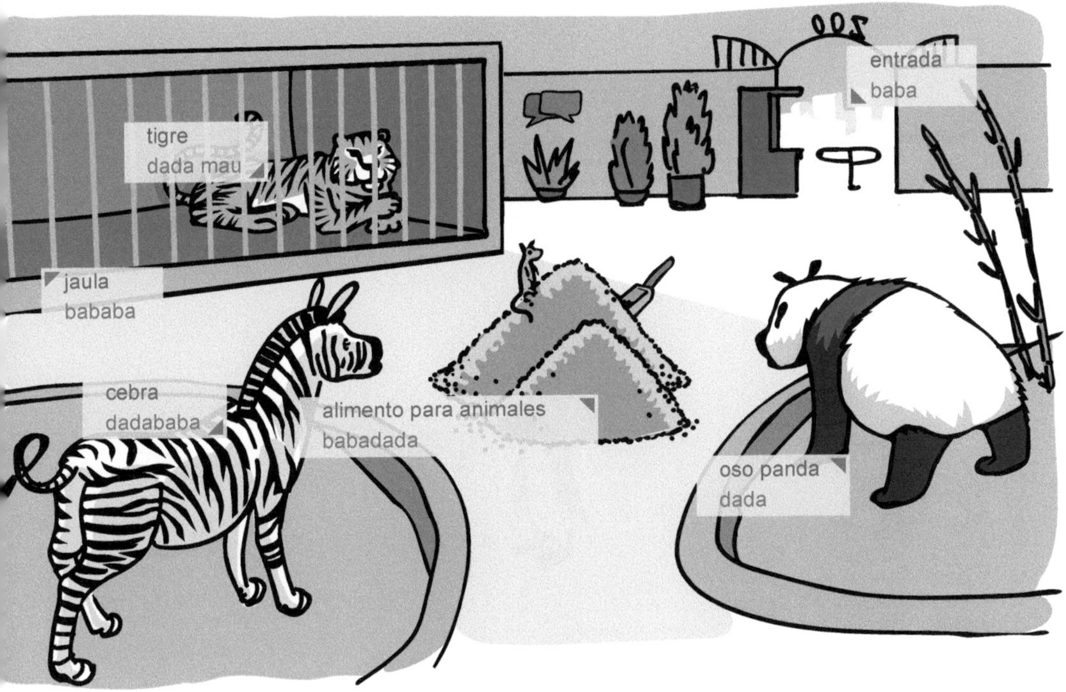

tigre
dada mau
entrada
baba
jaula
bababa
cebra
dadababa
alimento para animales
babadada
oso panda
dada

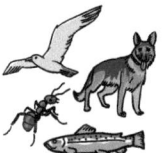

animales
dadadada

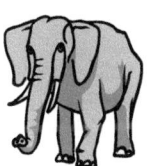

elefante
bababa

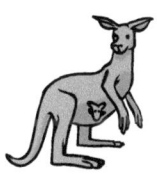

canguro
dadaba

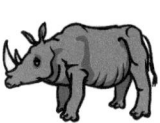

rinoceronte
babadada

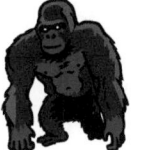

gorila
dada

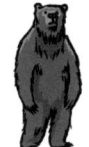

oso
babababa

camello

dadaba

avestruz

gackgack

león

babadada

mono

dadaba

flamenco

gackgack

loro

bababa

oso polar

bababa

pingüino

dada

tiburón

bababa

pavo real

dadaba

serpiente

badada

cocodrilo

babababa

cuidador del zoológico

dadadada

foca

dada

jaguar

bababa

poni

ei!

leopardo

dadadada

hipopótamo

dada

jirafa

babababa

águila

bababa

jabalí

babadada

pescado

nom nom!

tortuga

dadadada

morsa

anje

zorro

dadadada

gacela

bababa

fútbol americano
dadababa

ciclismo
dadaba

tenis
bum bum

básquet
ball

natación
badada

boxeo
aua!

hockey sobre hielo
baba

fútbol
dadadada

bádminton
badada

atletismo
dadababa

handball
ball

esquí
dadadada

polo
baba

actividades
dadadada

reír
baba
saltar
dada
abrazar
bababa
caminar
dada
cantar
dadababa
soñar
dadababa
rezar
dadadada
besar
mama!

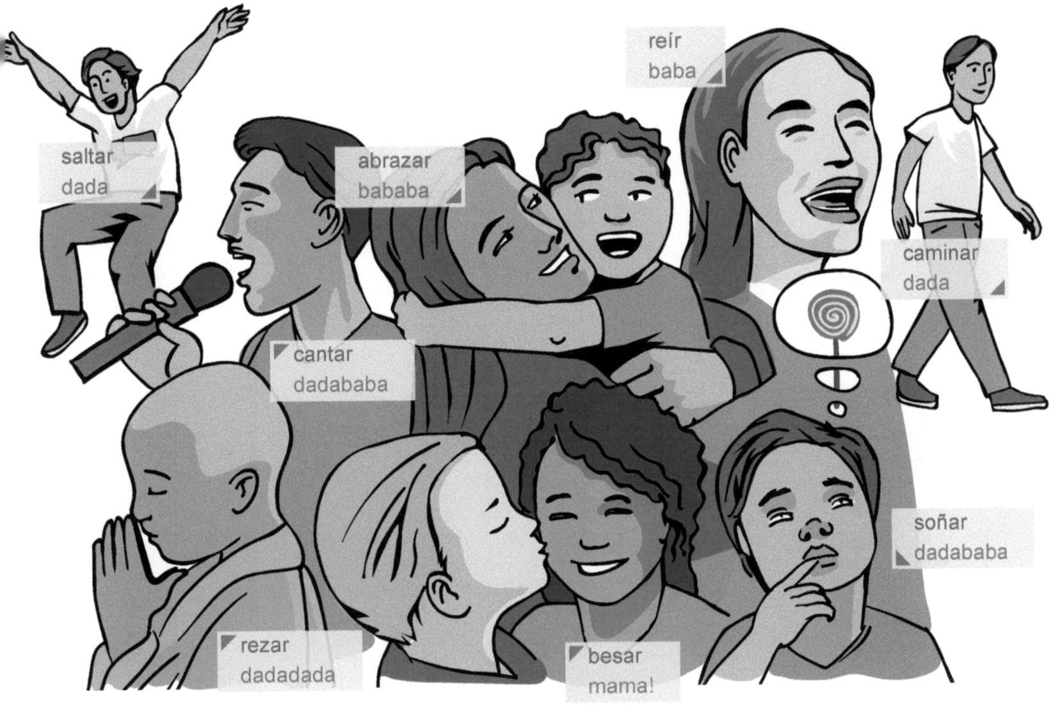

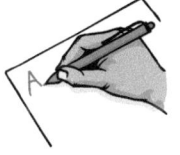

escribir
dadaba

dibujar
dada

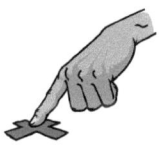

mostrar
dadababa

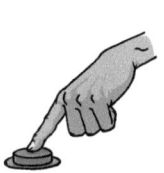

presionar
dada

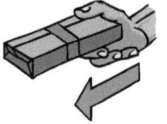

dar
badada

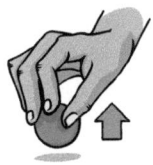

tomar
dadaba

tener

dadaba

hacer

dadadada

ser

babadada

estar parado

dadadada

correr

baba

tirar

dadababa

tirar

dadadada

caer

dadaba

estar acostado

badada

esperar

dadaba

llevar

bababa

estar sentado

ba

vestirse

dadababa

dormir

heia!

despertar

bababa

mirar

babababa

llorar

baaaaaa

acariciar

dadadada

peinar

bababa

hablar

bababa

entender

baba

preguntar

badada

escuchar

dadababa

beber

bababa

comer

nomnom!

ordenar

badada

amar

ba

cocinar

badada

manejar

dadababa

volar

dadadada

navegar

dadababa

calcular

dadababa

leer

dadadada

aprender

dadababa

trabajar

dadaba

casarse

baba

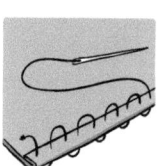

coser

dada

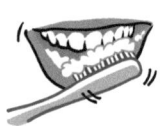

cepillarse los dientes

aua!

matar

aua!

fumar

dadababa

enviar

bababab

familia
dadababa

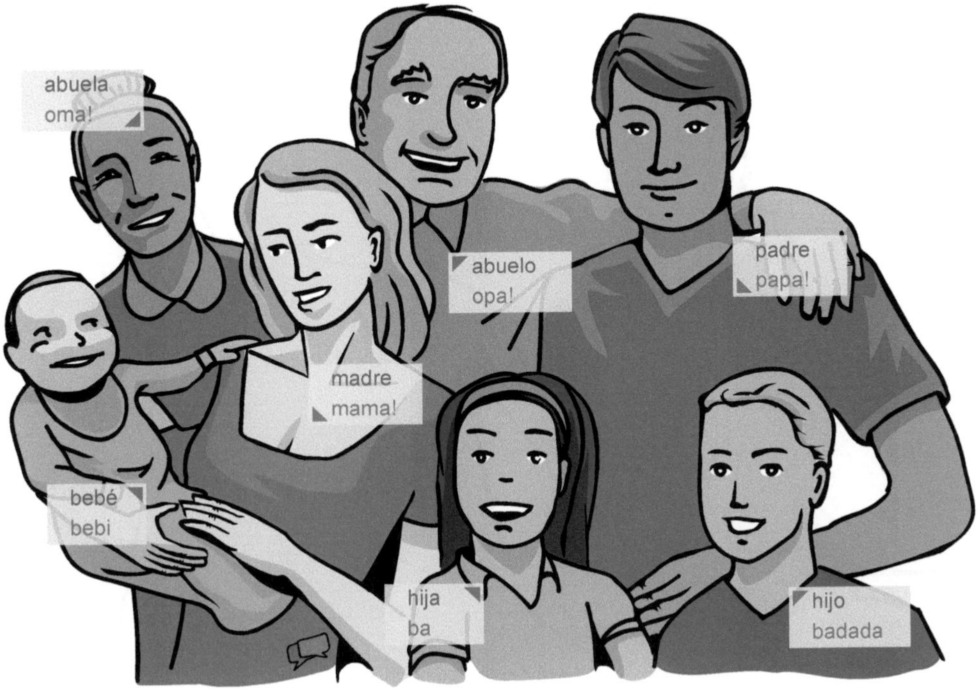

abuela
oma!
abuelo
opa!
padre
papa!
madre
mama!
bebé
bebi
hija
ba
hijo
badada

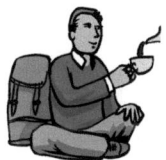

invitado

baba

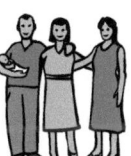

tía

ba

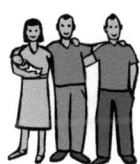

tío

bababa

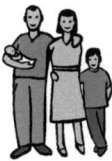

hermano

nein!

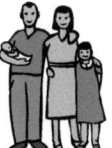

hermana

nein!

frente
bababa

ojo
dada

hombro
bababa

dedo
dada

cara
dada

pera
dadababa

mano
baba

pecho
da

pierna
dadaba

brazo
bababa

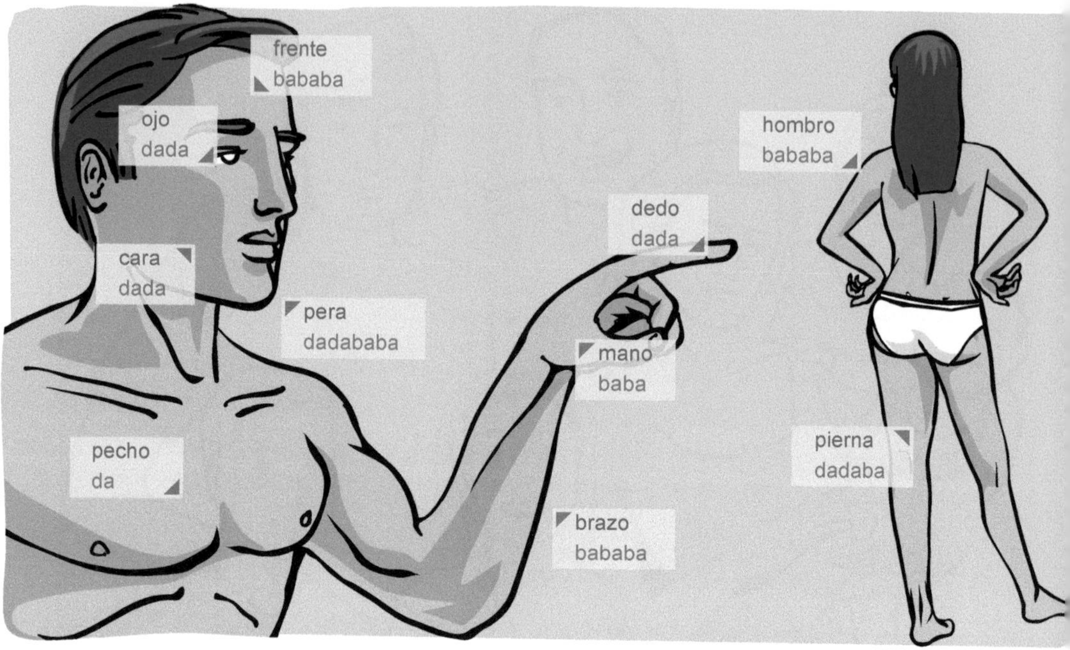

bebé
bebi

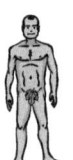

hombre
papa!

mujer
mama

nena
baba

nene
babadada

cabeza
bababa

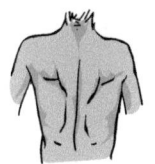

espalda

baba

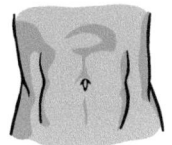

panza

dadababa

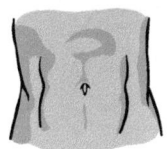

ombligo

dada

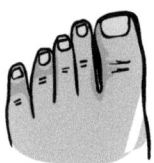

dedo del pie

dadababa

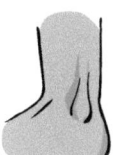

talón

ba

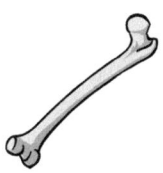

hueso

badada

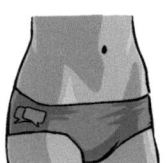

cadera

bababa

rodilla

dada

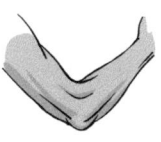

codo

dadadada

nariz

bababa

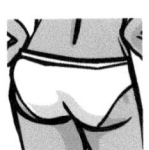

cola

popo

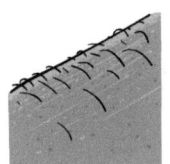

piel

dadaba

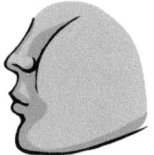

cachete

badada

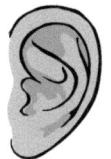

oreja

dada

labio

babababa

boca

dadababa

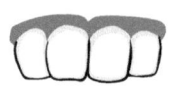

diente

dadadada

lengua

baba

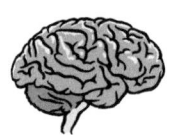

cerebro

dadadada

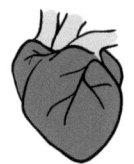

corazón

baba

músculo

dada

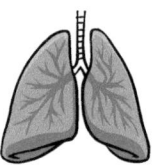

pulmón

dada

hígado

dada

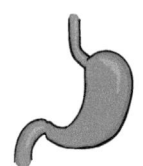

estómago

dadababa

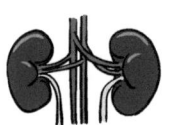

riñones

dadaba

sexo

babadada

preservativo

dada

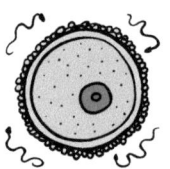

óvulo

badada

semen

dadababa

embarazo

dadababa

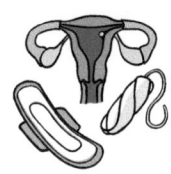

menstruación
....
ba

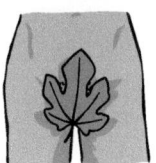

vagina
....
mumu

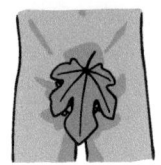

pene
....
pipi

ceja
....
dada

pelo
....
dadababa

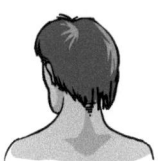

cuello
....
bababa

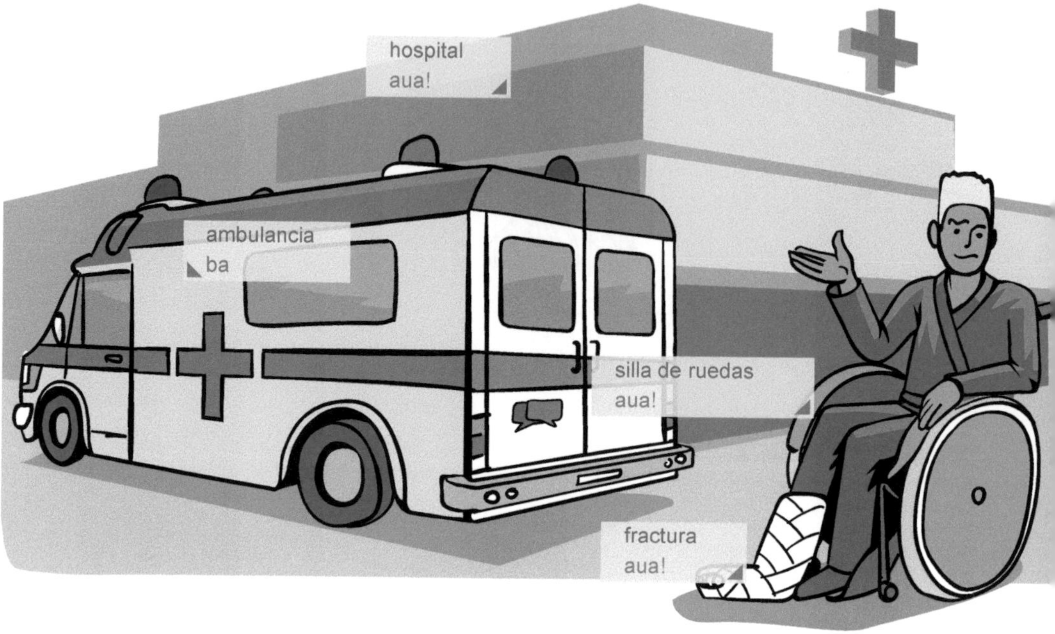

hospital
aua!

ambulancia
ba

silla de ruedas
aua!

fractura
aua!

médico
aua!

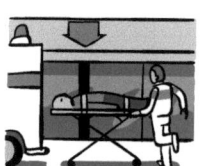

sala de guardia
aua!

enfermera
aua!

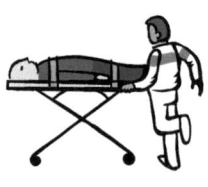

emergencia
aua!

inconsciente
aua!

dolor
dadababa

lesión

aua!

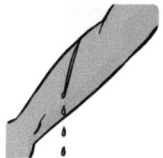

hemorragia

dadadada

infarto

aua!

ACV

aua!

alergia

dadababa

tos

aua!

fiebre

aua!

gripe

aua!

diarrea

aua!

dolor de cabeza

aua!

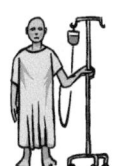

cáncer

aua!

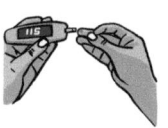

diabetes

aua!

cirujano

aua!

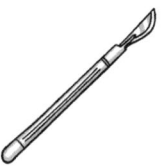

bisturí

aua!

operación

aua!

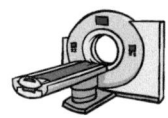

TC

aua!

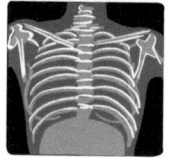

rayos x

aua!

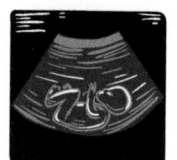

ecografía

aua!

barbijo

aua!

enfermedad

aua!

sala de espera

aua!

muleta

aua!

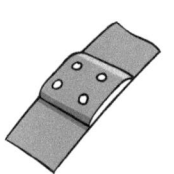

curita

aua!

venda

dadababa

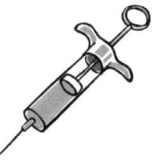

inyección

aua!

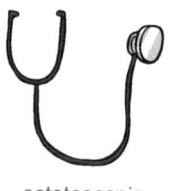

estetoscopio

aua!

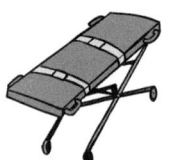

camilla

aua!

termómetro

aua!

nacimiento

aua! bebi!

sobrepeso

aua!

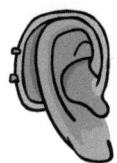

audífono

aua!

desinfectante

aua!

infección

aua!

virus

aua!

VIH / SIDA

aua!

remedio

aua!

vacunación

aua!

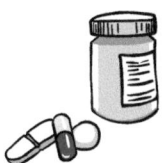

comprimidos

aua!

pastilla anticonceptiva

dadaba

llamada de emergencia

aua!

tensiómetro

aua!

enfermo / sano

da / ba

¡Ayuda!

aua!

alarma

aua!

agresión

aua!

ataque

aua!

peligro

aua!

salida de emergencia

dadadada

¡Fuego!

dadaba

matafuego

dadaba

accidente

aua! aua!

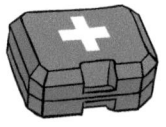

botiquín de primeros
auxilios

aua!

SOS

baba

policía

dadadada

Europa

badada

América del Norte

dadaba

América del Sur

dadababa

África

dadaba

Asia

dadaba

Australia

babababa

Atlántico

badada

Pacífico

dadaba

Océano Índico

baba

Océano Antártico

bababa

Océano Ártico

dadababa

polo norte

bababa

polo sur

dadababa

Antártida

dadaba

Tierra

dada

tierra

dadaba

mar

badada

isla

dadadada

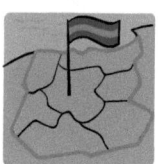

nación

dadadada

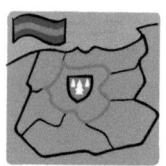

estado

dadababa

esfera

baba

manecilla de las horas

babadada

minutero

baba

segundero

bababa

¿Qué hora es?

dadababa

día

babadada

hora

dada

ahora

baba

reloj digital

dadababa

minuto

dadababa

hora

bababa

lunes
meh

MO

TU

miércoles
baba

W

TH

FR

viernes
babadada

SA

martes
baba

sábado
dadababa

jueves
badada

SO

domingo
dadaba

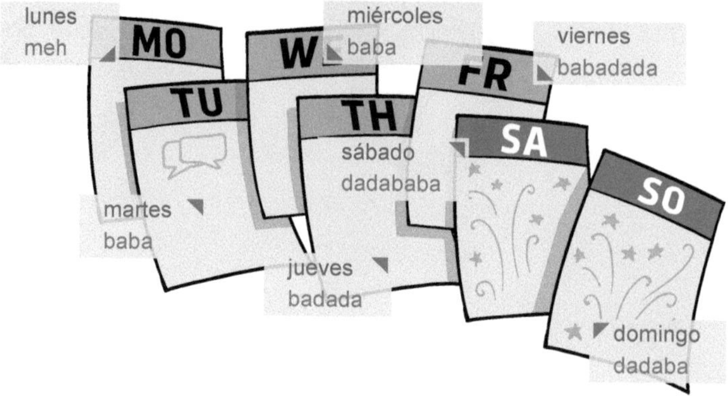

ayer

dadadada

hoy

dadababa

mañana

dadaba

mañana

baba

mediodía

baba

tarde

dadadada

MO	TU	WE	TH	FR	SA	SU
1	2	3	4	5	6	7
8	9	10	11	12	13	14
15	16	17	18	19	20	21
22	23	24	25	26	27	28
29	30	31	1	2	3	4

días hábiles

dada

MO	TU	WE	TH	FR	SA	SU
1	2	3	4	5	6	7
8	9	10	11	12	13	14
15	16	17	18	19	20	21
22	23	24	25	26	27	28
29	30	31	1	2	3	4

fin de semana

baba

lluvia
dadababa

arco iris
dadaba

nieve
kalt

viento
dadadada

primavera
dadadada

otoño
bababa

verano
badada

invierno
kalt

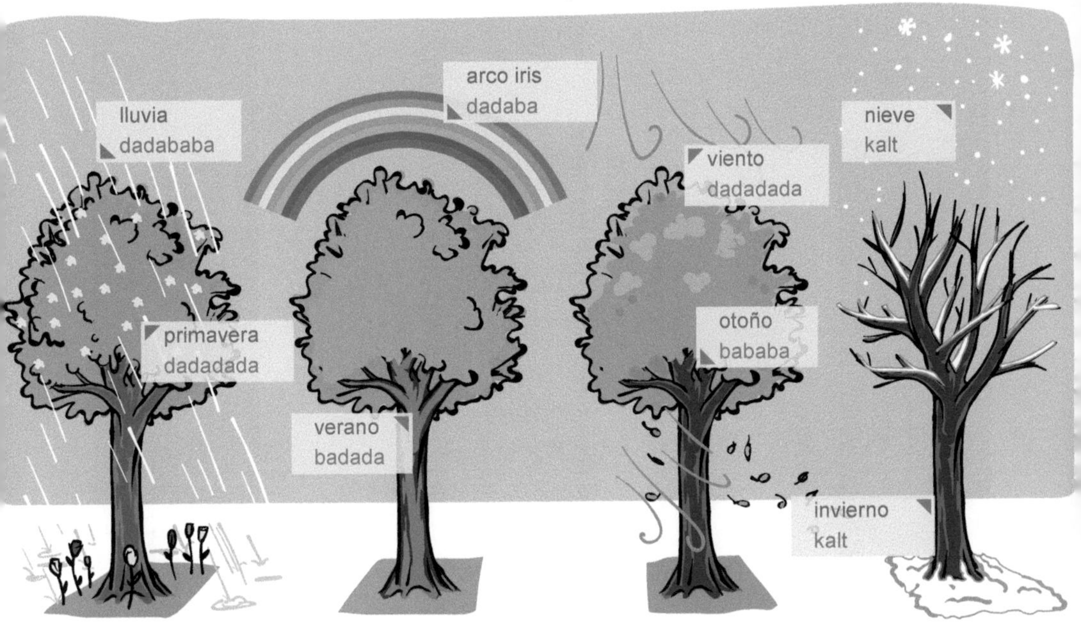

pronóstico meteorológico
....
dadababa

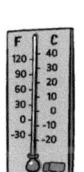

termómetro
....
bababa

luz del sol
....
ba

nube
....
baba

niebla
....
dadadada

humedad
....
dada

rayo

dadababa

trueno

dada

tormenta

badada

granizo

dadababa

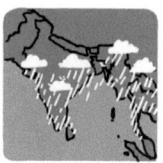

monzón

bababa

inundación

dadaba

hielo

dadadada

enero

dadaba

febrero

dadaba

marzo

bababa

abril

dadadada

mayo

dadadada

junio

babababa

julio

baba

agosto

bababa

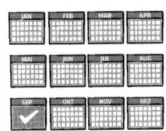

septiembre

dadadada

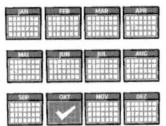

octubre

badada

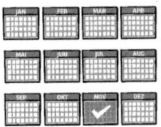

noviembre

dadababa

diciembre

baba

formas

dadababa

círculo

baba

cuadrado

badada

rectángulo

dadababa

triángulo

babababa

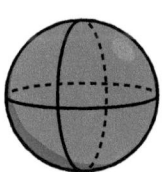

esfera

dadadada

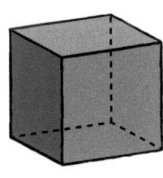

cubo

babababa

blanco

dadababa

amarillo

babababa

naranja

baba

rosa

dadadada

rojo

babadada

violeta

dadababa

azul

dadadada

verde

ba

marrón

baba

gris

bababa

negro

badada

mucho / poco

da / ba

enojado / tranquilo

da / ba

lindo / feo

da / ba

principio / fin

da / ba

grande / chico

da / ba

claro / oscuro

da / ba

hermano / hermana

da / ba

limpio / sucio

da / ba

completo / incompleto

da / bada

día / noche

da / ba

muerto / vivo

da / ba

ancho / angosto

da / ba

comestible / no comestible

da / ba

malo / amable

da / ba

entusiasmado / aburrido

ba / ba

gordo / flaco

da / ba

primero / último

ba / ba

amigo / enemigo

da / bada

lleno / vacío

da / ba

duro / blando

da / ba

pesado / liviano

da / ba

hambre / sed

da / bada

enfermo / sano

da / ba

ilegal / legal

da / ba

inteligente / estúpido

da / ba

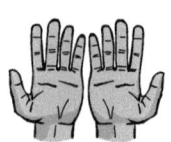

izquierda / derecha

ba / ba

cerca / lejos

da / ba

opuestos - dadadada

nuevo / usado

da / bada

nada / algo

da / ba

viejo / joven

ba / ba

encendido / apagado

da / ba

abierto / cerrado

da / ba

silencioso / ruidoso

da / ba

rico / pobre

ba / ba

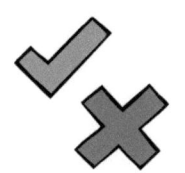

correcto / incorrecto

da / ba

áspero / suave

da / ba

triste / contento

ba / ba

corto / largo

da / ba

lento / rápido

da / ba

mojado / seco

da / bada

caliente / frío

da / bada

guerra / paz

da / ba

0

cero

dada

1

uno

a

2

dos

ba

3

tres

da ba da

4

cuatro

badabada

5

cinco

dadababa

6

seis

dadaba

7

siete

badada

8

ocho

dadababa

9

nueve

dadaba

10

diez

dadadada

11

once

badada

12
doce

baba

13
trece

bababa

14
catorce

baba

15
quince

babadada

16
dieciséis

dadababa

17
diecisiete

babababa

18
dieciocho

dadababa

19
diecinueve

bababa

20
veinte

dadababa

100
cien

baba

1.000
mil

baba

1.000.000
millón

dadababa

dadadada

inglés
baba

inglés americano
babadada

chino mandarín
dadababa

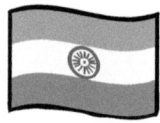

hindi
ba

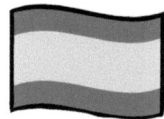

español
badada

francés
ohlala

árabe
babadada

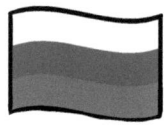

ruso
dadaba

portugués
dada

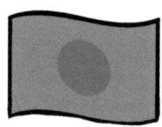

bengalí
dadadada

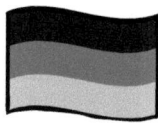

alemán
badada

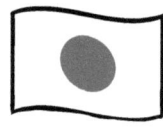

japonés
dadadada

yo

a

vos

dadadada

él / ella

da / da / da

nosotros

o ba ma

ustedes

babababa

ellos

baba

¿quién?

dadadada

¿qué?

dadadada

¿cómo?

baba

¿dónde?

babababa

¿cuándo?

babadada

nombre

dadaba

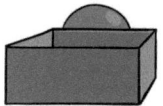

detrás

baba

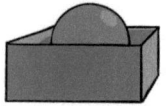

en

dadaba

adelante de

baba

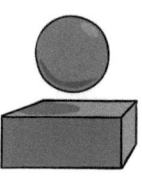

por encima de

ba

sobre

baba

debajo de

dadababa

al lado de

babababa

entre

ba

lugar

dada